AF564197

Vente du Jeudi 27 Décembre 1883

A deux heures.

HOTEL DROUOT, SALLE N° 5.

CURIOSITÉS

BRONZES, FAIENCES, PORCELAINES
OBJETS D'ÉTAGÈRE
IVOIRES ET BOIS SCULPTÉS
GOUACHES, MINIATURES
MEUBLES, TAPISSERIES

EXPOSITION

LE MERCREDI 26 DÉCEMBRE 1883

De une heure à cinq heures.

COMMISSAIRE-PRISEUR	EXPERT
Me PAUL CHEVALLIER	**M. CHARLES MANNHEIM**
10, rue de la Grange-Batelière.	7, rue Saint-Georges.

IMPRIMÉ PAR PILLET ET DUMOULIN
RUE DES GRANDS-AUGUSTINS, 5, A PARIS

Vente du Jeudi 27 Décembre 1883

A deux heures,

HOTEL DROUOT, SALLE N° 5.

CURIOSITÉS

BRONZES, FAIENCES, PORCELAINES
OBJETS D'ÉTAGÈRE
IVOIRES ET BOIS SCULPTÉS
GOUACHES, MINIATURES
MEUBLES, TAPISSERIES

EXPOSITION

LE MERCREDI 26 DÉCEMBRE 1883

De une heure à cinq heures.

COMMISSAIRE-PRISEUR

Me PAUL CHEVALLIER

10, rue de la Grange-Batelière.

EXPERT

M. CHARLES MANNHEIM

7, rue Saint-Georges.

CONDITIONS DE LA VENTE

La vente sera faite au comptant.

Les acquéreurs payeront cinq pour cent en sus des enchères applicables aux frais.

L'exposition mettant le public à même de se rendre compte de l'état des objets, il ne sera admis aucune réclamation une fois l'adjudication prononcée.

Paris. — Typ. Pillet et Dumoulin, 5, rue des Grands-Augustins.

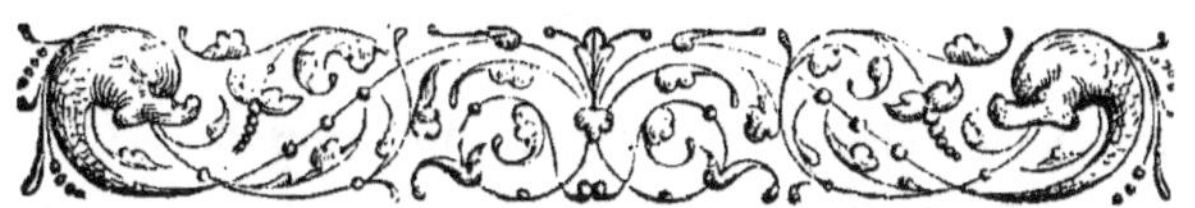

DÉSIGNATION DES OBJETS

BRONZES D'ART
ET D'AMEUBLEMENT

1 — Pendule Louis XVI bronze doré, à figure de femme assise; allégorie de la Prudence.

2 — Pendule Louis XVI en bronze doré, à guirlandes et mufles de lions.

3 — Pendule empire en bronze doré au mat, ornée de deux figures.

4 — Corbeille empire supportée par trois enfants, en bronze doré.

5 — Petite pendule modèle Louis XV, en tôle vernie et bronze.

6 — Pendule modèle Louis XV, en bronze, cadran supporté par un taureau et surmonté d'une figurine d'amour.

7 — Deux flambeaux Louis XVI, en bronze.

8 — Deux paires de flambeaux modernes en bronze doré, à figurines.

9 — Deux candélabres à six lumières, en bronze doré.

10 — Deux flambeaux-cassolettes de style Louis XVI, en bronze.

11 — Poule et poussins, bronze de Mène.

12 — Aiguière et plateau en bronze argenté et doré, en partie à décor en relief.

13 — Buste de bacchante et de Niobé en bronze.

14 — Deux figurines en bronze, Vénus et baigneuse.

15 — Deux figurines de colporteurs, en bronze.

16 — Figure de Suzanne, en bronze.

17 — Petit buste de Henri IV, bronze sur socle.

18 — Figurines. Vénus de Milo et Diane de Gabie, en bronze argenté, socles en marbre.

19 — Figurine couchée et presse-papier Amour en bronze doré.

20 — Femme assise et oiseau sur tronc d'arbre, bronze japonais.

21 — Figure de Minerve en bronze doré, sur socle en bois, XVIIe siècle.

22 — Enfant guerrier en bronze, sur socle.

23 — Deux flambeaux à trépieds en bronze doré au mat, modèle Louis XVI.

24 — Plusieurs paires de flambeaux modernes, en bronze.

25 — Deux vases balustres en bronze à décor chinois en relief.

26 — Chimère en bronze de la Chine, sur socle, en marbre et bronze.

27 — Deux petits vases en bronze japonais.

28 — Hanap; aiguière et plateau ovale en cuivre.

29 — Coupe en porcelaine tendre décorée, montée en bronze.

30 — Coupe contournée en porcelaine, genre Chine, montée en bronze.

31 — Coupe ronde en porcelaine moderne du Japon, montée en bronze.

32 — Jardinière ovale et deux cache-pots en cuivre émaillé, genre chinois, avec montures en bronze.

33 — Diverses coupes en porcelaine moderne, de décors variés, avec montures.

34 — Deux figures d'enfant en terre cuite formant torchères.

35 — Deux grands vases en porcelaine moderne de l'Inde.

36 — Deux vases cornets en porcelaine gros bleu et or, genre Chine.

37 — Deux vases carrés en porcelaine émaillée, genre Chine.

38 — Brûle-parfum en imitation de porcelaine du Japon, monté en bronze.

39 — Brasero en cuivre émaillé, genre cloisonné.

40 — Deux grandes gourdes lenticulaires en porcelaine moderne de la Chine, émaillées en couleurs.

41 — Deux vases ovoïdes à couvercle en porcelaine bleu de Perse, avec montures en bronze.

42 — Deux cornets à décor en relief, en chine moderne.

43 — Fontaine et son bassin en imitation de vieux Chine.

44 — Plusieurs paires de vases en porcelaine moderne, à décor genre Louis XVI.

45 — Deux grands vases en majolique, à anses dragons.

46-53 — Environ quarante pièces en porcelaine moderne de Saxe et de Capo di Monte : groupes, figurines, assiettes, cabarets, etc.

54 — Sous ce numéro, faïences dorées à l'imitation de faïences anciennes.

55 — Deux boîtes à thé en émail de Chine.

57 — Deux vases à couvercles en porcelaine de Saxe, à décor en bleu rouge et or de style japonais.

58 — Deux vases hémisphériques à couvercles en porcelaine de Saxe, à décor de myosotis en relief, couvercles surmontés de têtes de cerf.

ARGENTERIE

59 — Huilier Louis XV en argent, vidrecome en vermeil repoussé.

60 — Vidrecome en vermeil gravé, à couvercle surmonté d'une figurine.

61 — Coupe en vermeil, à guirlandes, et deux gobelets à godrons en argent.

62 — Vase à couvercle en argent repoussé.

63 — Quatre gobelets en argent et vermeil, l'un niellé de travail russe.

64 — Vase en argent repoussé, à ornements rocaille.

65 — Deux paires de burettes en argent repoussé.

OBJETS D'ÉTAGÈRE

ET DE VITRINE

66 — Encrier et deux bougeoirs en bronze doré, émail cloisonné et albâtre.

67 — Encrier et deux petits coffrets en émail cloisonné.

68 — Croix en jaspe, sur base triangulaire en bronze ajouré et argenté, de style gothique.

69 — Petit brasero carré en ancien émail cloisonné de la Chine.

70 — Deux petites boîtes en bronze japonais, incrusté d'argent.

71 — Coupe à pied en émail cloisonné de la Chine, avec moulure.

72 — Coupe ovoïde, à couvercle, et une plus petite en émail cloisonné de la Chine, fond turquoise.

73-76 — Huit éventails Louis XV et Louis XVI, à montures de nacre et d'ivoire.

77 — Presse papier chèvre en bronze doré, sur socle en lapis, et épagneul en arrêt, bronze.

78 — Cinq pièces : bougeoirs et encriers en bronze gravé, de style mauresque.

79 — Petit cabinet garni extérieurement et intérieurement de plaques d'émail à sujets mythologiques.

80 — Coffret garni de plaques en imitation d'émail de Limoges en grisaille.

81-82 — Deux plaques et un vase conique en bronze, à sujets en relief.

83-93 — Vingt pièces en ivoire sculpté : vases, statuettes et bas-relief.

94 — Dix pièces en bois sculpté : figurines et groupes

TABLEAUX ET GOUACHES

95 — Portraits d'homme et de femme, peintures sur cuivre, genre de Pourbus.

96 — École française. — Guerriers romains surpris près d'une statue de Minerve.

97 — Deux gouaches italiennes sur vélin. Pastorales.

98 — Gouache italienne, sujet biblique, dans un cadre Louis XIII.

99 — Grande miniature sur vélin : La Nativité.

100 — Gouache d'éventail encadrée.

101 — Deux lettres ornées provenant d'un manuscrit gothique.

102 — Deux miniatures : Les trois grâces.

103 — Quatre gravures d'après Fragonard, Le Prince et Freudeberg.

104 — Divers dessins et pièces encadrées.

105 — Peinture sur porcelaine par Mme Lachassaigne : Les préparatifs pour le bal masqué.

106 — Deux plaques en faïence de Castelli. Paysages et ruines.

107 — Une autre : Arc en ruines près d'une rivière.

108 — Une autre : L'Annonciation.

MEUBLES, TAPISSERIES
ÉTOFFES, OBJETS DIVERS

109 — Vingt-quatre morceaux de tapisserie d'Aubusson à guirlandes de fleurs et médaillons d'animaux, pour garnitures de sièges.

110 — Bonheur du jour Louis XVI en acajou à moulures de cuivre.

111 — Deux coffrets en bois sculpté.

112 — Ecran bambou doré et feuille en tapisserie de Neuilly.

113 — Meuble de salon de style Louis XVI, en bois laqué blanc à filets gris, composé de deux consoles, deux encoignures, une table ovale, un canapé, quatre fauteuils, quatre chaises.

114 — Huit rideaux en reps vert à bandes de fleur genre Aubusson.

115 — Figure de vestale en marbre blanc.

116 — Sept flambeaux en cuivre.

117 — Un miroir.

118 — Bas-relief en terre cuite, signé Adalbert.

119 — Toilette empire en acajou.

120 — Deux tables Louis XV.

121 — Un fauteuil et six chaises Louis XV.

122 — Commode Louis XIV, à dessus de marbre et ornée de bronze.

123 — Un fauteuil ancien.

124 — Une glace italienne.

125 — Armoire en acajou et amarante.

126 — Console Louis XIV, en noyer.

127 — Petite commode empire.

128 — Six rideaux soie jaune.

129 — Tapis d'Orient.

130 — Deux carpettes orientales.

131 – Neuf rideaux en bourre de soie jaune.

132 — Lot de brocatelle et d'étoffes anciennes.

133 — Six rideaux en damas jaune.

134 — Un couvre-lit.

135 — Un lot de guipure.

136 — Lot de tapisseries.

137 — Tenture en cretonne à ramages.

www.ingramcontent.com/pod-product-compliance
Lightning Source LLC
LaVergne TN
LVHW010218230826
846091LV00008BB/3571

9782329509433